中华文字之美

赵　勇　编著　姜宝昌　审定

李婷婷　孙琯淨　编写

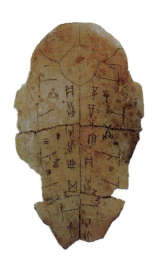

山东人民出版社 · 济南

国家一级出版社　全国百佳图书出版单位

图书在版编目（CIP）数据

中华文字之美 / 赵勇编著. -- 济南：山东人民出
版社，2025.1（2025.2重印）. -- ISBN 978-7-209-15050-7

Ⅰ．H12

中国国家版本馆 CIP 数据核字第 2024Y3D431 号

责任编辑　杨云云　孟　双

中华文字之美

ZHONGHUA WENZI ZHI MEI

赵　勇　编著

姜宝昌　审定

主管单位　山东出版传媒股份有限公司
出版发行　山东人民出版社
出 版 人　胡长青
社　　址　济南市市中区舜耕路517号
邮　　编　250003
电　　话　总编室（0531）82098914
　　　　　市场部（0531）82098027
网　　址　http：//www.sd-book.com.cn
印　　装　济南新先锋彩印有限公司
经　　销　新华书店

规　　格　16开（170mm×240mm）
印　　张　8.5
字　　数　34千字
版　　次　2025年1月第1版
印　　次　2025年2月第2次
印　　数　3001—6000
ISBN 978-7-209-15050-7
定　　价　39.00元
　　　　如有印装质量问题，请与出版社总编室联系调换。

序

古代中国人发明的汉字，是人类文字的奇迹，也是华夏文明的根基和中华民族的魂魄。作为中华文明的载体和标志，汉字由来已久，而且在高科技发展的今天依然为我们所使用。它不仅契刻在甲骨上，铸造在青铜（金）器上，雕琢在石鼓或石碣上，也写在社会生活的每个方面，甚至写在每个中国人的心灵上。

古文字，主要指甲骨文、金文、籀文等秦以前的文字。数千年来，难以数计的文人学士，前赴后继，绞尽脑汁，锐意推敲，使它逐渐完善。

汉字造字之初，采用的是"象物之形"的造字方法。如早期且大体成熟的汉字系统甲骨文中的"天"字，形体就是一个正面直立的人形，头部较大，双手双足各自左右伸展。

"文字"是什么？文字（单体称文，合体称字）就是一个符号。例如为了区分男女厕所，可以写男、女；可以画一个烟斗、一个高跟鞋；可以画长裤子、裙子等，这些都可以区分男女，都叫符号。

史前图画文字是中国文字最古老的雏形，通过绘图表述事物自然也是古人类最简单的思维方式。之后，人们"仰则观象于天，俯则观法于地，观鸟兽之文与地之宜，近取诸身，远取诸物"，说的是依类象形，将看到的摹写出来，这就形成了象形文字。

汉字是有感情的，它承载和传递了我们的所见、所闻、所思、所为。因此，本书的编写，旨在探讨汉字的起源、特点，也就是汉字发展的来龙去脉，以及汉字的内涵和中华文化意蕴等。以图文并茂的形式，选取语文课本中的部分汉字进行细致的讲解，从而使学生们加深对文字的理解。

本书力图写得既有深度，又很好读。说实话，每一个字看似简单，想要真正说清楚又谈何容易。好在我们对此充满信心，力争用文字和图画联合呈现的方式，去解读汉字。

了解汉字的目的，不仅在于使青少年更准确地使用汉字，还能够增强我们对中国古代文化的体会和认识。因为一个字的创制，总是和特定的文化分不开，它往往形象地反映了古代社会活动的实际情况。例如，单体字"豆"，写作 豆，古时它不是粮食"豆"，而是一种盛肉食的"高足碗"。○ 表示器身，山 表示圈足（底座），上面的 一 表示盖子（或有或无）。又如合体字"绥"，左边的"糸"表示（车上的）绳索，右边的"妥"意为稳妥，合在一起，表示古人上车时必须抓住车上的绳索，这样才会感到稳妥、安全；而"绥"字本义正是"安定""使……安定"。

可见，文字本身就是很珍贵的史料。读书必先识字，掌握每个文字的字形、字义与字音后，全句全章甚至全篇的意思，自然而然就都明白了。

目录

序

善 | 1

崔 | 4

宅 | 8

奔 | 11

豹 | 14

碑 | 17

凤 | 22

乖 | 25

鼎 | 28

岳 | 32

焚 | 35

拜 | 38

侯 | 41

折 | 44

晕 | 47

冠 | 50

醉 | 54

鹤 | 57

宜 | 60

朱 | 63

兰 | 66

衡 | 69

臣 | 72

典 | 75

奉 | 78

粮 | 80

权 | 83

昼 | 85

榜 | 88

冈 | 91

泽 | 94

矛 | 97

匪 | 100

彭 | 102

赢 | 104

尼 | 107

梁 | 110

庸 | 112

仓 | 115

尊 | 118

享 | 121

鼠 | 123

shàn

❶

❷

❸

❹

"善"字，最早见于金文，也有人说甲骨文中就已经有了"善"字。善、美、鲜中都有"羊"字，鱼羊鲜，羊大美，由此可知我们祖先与羊关系亲密。

《说文解字》（以下简称《说文》）："善（譱），吉也。从誩从羊。此与义（義）、美同意。"依照许慎之意，善就是吉，与义（義）、美等同义。

我们来看看善字的演变，甲骨文①②中"善"这样写：上半部分从羊，而下半部分像是一双眼睛。有人说，殷商之人喜欢羊肉的鲜美，所以羊在他们眼里是甘美之物。

在汉字演变过程中，"善"的字形发生了变化，两眼变成了两言。金文③"善"字由羊和誩组成，誩表示争辩之意。誩（jìng），是《说文》中的一个部首，《说文》："誩，竞言也。"争着说即竞言，当二人各持所说，互不相让之时，羊介入其中，进行评判。因此，羊还象征着正直。

"善"字还表达出一种高兴的心情，也跟拥有羊、吃到鲜美羊肉有关系。羊和祭祀联系紧密，中国国家博物馆里有一件华美的青铜器羊头面具，便是巫师在祭祀时戴在脸上的。

除"善"字外，还有"美""义"二字，都是从羊（羊，祥）取义，都有吉祥、善良之意。

中国的传统文化源远流长，"善"是中华传统文化中重要的特质和核心。我国历史上诸子百家对善的解释很多，最有代表性的就是老子提出的"上善若水，水善利万物而不争"。意思是说，做人应如水，水滋润万物，但从不与万物争高下。

善还有"完美"的意思，如《礼记·大学》中说道："大学之道，在明明德，在亲民，在止于至善。""至善"即处于最完美的境界。

"善"的优秀历史传统，引领着中国人的价值追求，并代代相传。

羊羔跪乳

què

仔细观察甲骨文①，一个鸟头，头顶上有一撮羽毛，这代表什么？没错，这就是"雀"字的甲骨文形象。小篆②的结构来自甲骨文，上部是"小"，下部是"隹"，"隹"本义是短尾鸟的总称，与鸟有关的字大多从"隹"或"鸟"。楷书③就是我们现在见到的"雀"字，上从"小"，下从"隹"。

《说文》："雀，依人小鸟也。从小、隹。""小+隹"会意为体形小的鸟类，一般指麻雀，一种体形较小的圆头鸟类，由于多半栖息在有人活动的地区，并经常在屋壁、房檐筑巢，所以又叫"家雀儿"。体形较大的鸟类又被称为"鸿"。"鸿"指的是大雁或天鹅等高飞迁徙的大型飞禽。古人以"燕雀"与"鸿鹄"比喻形体大小与目标高下的不同。《史记·陈涉世家》中"燕雀安知鸿鹄之志"即意为"燕雀怎么能知道鸿鹄的远大志向呢"，比喻庸俗的人不能理解志向远大者的抱负。

甲骨文中早就有"雀"字。麻雀不耐远飞，也不进行迁徙，就生活在人类居所或田野附近。生在某地，就在某地长居，喜欢成群结队地生活，吃谷物、昆虫，觅食时在地面跳跃，十分可爱。于是用"雀跃"比喻人高兴得跳了起来。

麻雀毛色灰褐，颜值相对普通，所以有"麻雀变凤凰"一说。但麻雀仍然得到了很多人的喜爱，这是为什么呢？

其实，古时"雀"与"爵"同音。爵是古代一种酒器和礼器，流行于夏、商、周三代，多为青铜爵，因此只有贵族才能使用。甲骨文的"爵"或作 ，是个象形字，一个人的手拿住酒杯的形状。金文或作，是个会意字，左下是鬯

商·青铜兽面纹爵杯

（chàng）酒，右下是人的一只手，中上部则有像鸟一样的字形。《说文解字》称，上面的"鸟"字象征雀（爵）。因为雀鸣"喈喈"，谐音"节节"，为节制饮酒之意，故用雀形，以此提醒人们饮酒切莫贪杯。这种酒器是天子分封诸侯时赏赐给诸侯的，后由此引申指爵位、官位，代表高尚的地位。

明·《群雀图》（局部）边景昭

宋·《山鹧棘雀图》 黄居寀

古人认为麻雀题材的绘画作品有加官晋爵、爵禄丰厚等意味。"百雀"搭配松竹梅，既暗含美好祝愿，又不乏文人气息。如梅树与麻雀的组合，意为"梅雀争春"，竹子与麻雀的组合寓意"节节高升"等。

zhái

❶

❷

❸

❹

❺

快看，甲骨文①"宅"的外部像不像一个尖顶房子的侧面？这说明什么呢？是的，这是部首"宀"的象形，说明这个字的字义与房屋、住所有关。下半部分是"乇（zhé）"的古字形，《说文》："乇，草叶也。"也就是草叶的意思。金文里面的下半部有写作"土"＋"乇"的，强调地基上托起房架子。而金文②为了字形美观就把上部变成弯曲的，且不加土。篆文③"宅"字就是由这种写法演变成的。隶书④则把篆文"乇"的上部变成一撇，这样"乇"就是三笔了。楷书⑤写作现在的"宅"字。

部首"宀"可是个宝贝，可以组成很多字。比如说"家庭"的"家"字、"安全"的"安"字等。"家"——"宀"下面一个"豕"。"豕"就是猪的意思，中国古代早期驯化的家畜便有猪，能饲养猪，是一个家庭的标志，也是有家当的象征。"安"——"宀"下面一个"女"。女子在室内，不受戕害，自然平安。

"方宅十余亩，草屋八九间。"在古代，"宅"一般指代大的家族。不管是《说文》所说"宅，所托也"，还是《尔雅》所说"宅，居也"，其中"宅"字都与"居住"相关。在汉字中表示居所、住处含义的字还有：宫、殿、室、屋、厦、庐、邸、府、阙、楼、阁、厅、堂、榭、舍、庙、庵、轩、馆、第（贵族住宅）、廊等。

成语"徙宅忘妻"出自《孔子家语·贤君》：

明·《夏日山居图》 仇英

"寡人闻忘之甚者，徙宅而忘其妻。"徙指迁移，宅即住所。意思是搬家忘记带妻子，比喻粗心健忘到了荒唐的地步。

要注意的是，《礼记·杂记上》中所说的"大夫卜宅与葬日"里的"宅"字，若理解为"住所"，那就错了。这里的"宅"是指"葬地"或"墓穴"，即阴宅。大意是：大夫通过占卜选择墓地和下葬的时间。

现在，我们常用"宅"字作动词或形容词表示长期在家或者喜欢在家的一种状态。同时，也引申出了"宅男""宅女"等词，指那些长期足不出户、与人交往很少的人。

bēn

❶

❷

❸

看到"奔",你会想到什么呢？答案肯定是奔跑吧！我们看金文①"奔"这个字，上面就像人摆动着双臂，而下面的部分表示众多脚趾急速运动，全字意为快速跑动。春秋石鼓文的"奔"字由三个"走"字组成，更加印证了这个字确实跟行走有关。战国文字中下面的"三止"讹变成了"三屮（音chè，'艸'的一半。有时也用作艸）"。小篆②的"奔"字正是这样。于是，隶书改篆书的"屮屮屮"为"卉"。楷书③又相沿隶书，上"夭"讹作"大"，下作"卉"，写作"奔"。

《说文》："奔，走也。"又："走，趋也。"就是说，"走"的本意指"急走，小跑，奔跑"。《尔雅·释宫》："中庭谓之走，大路谓之奔。"就是说在庭院之中小跑叫作"走"，在大路上跑步叫作"奔"。"奔"字也可意为奔放、疾驰，比喻气势雄伟，不受拘束。例如，奔流不息，指水流奔腾永不停止，也形容事物的运动永不停歇。

除此之外，较为常见的还有"奔走"一词，意思是为某种目的而奔波忙碌。明代宋濂《送东阳马生序》："坐大厦之下而诵《诗》《书》，无奔走之劳矣。"意为坐在高大宽敞的房屋内诵读诗书，没有奔走的劳苦。再如唐代柳宗元《捕蛇者说》中"永之人争奔走焉"，即永州的人都争着去做捕蛇这件事。

由"急走、奔跑"义引申为"出逃、败逃、追赶、追求、私奔"等义，以上义项均读bēn。由

东汉·铜奔马

"追赶、追求"引申为"投向、接近"等义，这些义项均读bèn。例如，《红楼梦》中有"只见那边两骑马'直奔'凤姐车来"的描写，这里的"直奔"，其意为直往、趋向。此外"奔"字还可意为投奔、为某种目的而尽力去做，如"奔命"；以及"奔头儿"，意为奋斗可以指望的前途，如"大有奔头儿"。

bào

❶

❷

❸

地球上跑得最快的动物是什么呢？是豹。"豹"是形声字。《说文》："豹，似虎，圜文。从豸，勺声。"意思是，豹像老虎，有圆形花纹。甲骨文①就像豹子的形象，小篆②则变成了从豸、勺声的形声字。"豸"表意，是指张大嘴巴露出牙齿的猛兽。"勺"除了表声外，还兼表意，是指豹子身上有小勺样的斑点。楷书③写作"豹"。

"豹"的本义为豹子。《正字通》："豹，状似虎而小，白面，毛赤黄，文（纹）黑而钱圈，中五圈左右各四者，曰金钱豹。"如"管中窥豹"，意思是通过竹管的小孔来看豹，只看见豹身上的一块斑纹，看不到全豹，比喻只看到事物的一小部分。

从带"豸"部的字可以看出，"豸"既表示大型的猛兽动物类，也能够表示小型的虫类。"豸"在古书中还指没有脚的虫子，所以古时候人们把老虎称为大虫。

在古典小说《水浒传》里有个八十万禁军教头叫林冲，林教头生得"豹头环眼，燕颔虎须"，人称"豹子头林冲"，用来形容林冲勇不可当、横扫千军的英雄气概。因为豹子身上花纹色彩鲜艳夺目，所以在古代养豹子当宠物是一种身份地位的象征。早期的王公贵族打猎常带着豹子，唐朝章怀太子墓中出土的《狩猎出行图》中，有只猎豹蹲在驯豹师身后。到了明朝，武宗朱厚照专门扩建豹房饲养豹子。周朝的"豹尾"即在布上绘豹纹，象征荣誉，如豹尾

古瓷豹头枕

枪、豹尾幡之类；有豹尾悬于车上叫"豹尾车"，是帝王属车之一。在民间，豹纹图案也很常用，如在物品上绘制豹脚纹；在瓷枕上绘上豹头的纹样，即"豹头枕"。

因为"豹"与"报"谐音，人们常将豹和喜鹊画在一起，寓意"报喜"。"豹"又与"抱"谐音，所以豹与一堆金钱在一起的塑像或图画称为"抱金钱"，寓意财源滚滚。

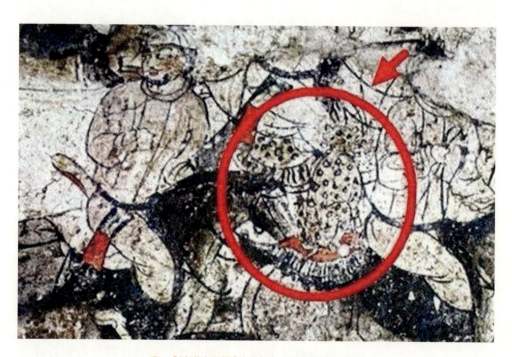

唐·《狩猎出行图》（局部）　章怀太子墓出土

bēi

❶

❷

❸

大家见过石碑吗？上面往往刻了一些字或画，吸引我们驻足观看。"碑"是个形声字，形旁"石"表义，说明这个字与石头有关，声旁"卑"表音，"碑"字的读音与"卑"相同。"碑"，本义指古时宫门、庙门前用来观测日影及拴牲畜的竖石。《说文》："碑，竖石也。"意思是，碑是竖着的石头。

我国陕西省西安市南城墙魁（kuí）星楼下的碑林，因碑石丛立如林而得名，这也是收藏中国古代碑石时间最早、名碑最多的文化艺术宝库。西安碑林里有座碑亭（下图），"碑林"中的"碑"右边的上半部分是没有那一撇的，金文①"碑"也没有。其实古代很多石碑上的"碑"也是没有这一撇的，这是为何呢？原来啊，"卑"字的上半部是由"甲"字演变来的，既然是个"甲"，就没有必要加那一撇了，用

碑林

毛笔来写"甲"字时，往往在起笔时带出锋芒作$\mathcal{L}$，后来人们为了规范，成了现在右上部有一撇的"碑"。②是篆书的写法。③是楷书的写法。

你可能还见过有的石头刻上文字作为纪念物或标记，如石碑、纪念碑、墓碑等。宋代诗人陆游的《过小孤山大孤山》："有碑载其事。"意思是，有座碑记载了这件事。我们也用"里程碑"这个词来比喻在历史发展进程中可以作为象征或标志的大事。另外，"有口皆碑"这个词也是我们常遇到的，比喻人人称赞。比如，这位老科学家为祖国的现代化建设事业作出了重大贡献，这是有口皆碑的。

说到"碑"，就不能不提承载了我国古代灿烂书法艺术的碑拓（bēi tà）。碑拓是将碑版上的文字或图像，用宣纸紧覆在碑版上，用墨打拓其文字或图形，然后将纸揭下，纸上留下碑版上的文字或图形。东汉末年，虽然已经发明了纸，但印刷术还没发明。为了避免手抄书错误频发，汉灵帝熹（xī）平四年，即公元175年，蔡邕（yōng）向汉灵帝建议：把一些儒家经典刻在石碑上，作为校正经书文字的标准本。灵帝同意后，蔡邕亲自书写，将刻好后的石碑一块块立在首都洛阳的太学门外。这些石碑组成了历史上著名的《熹平石经》，如今还有一些残块保存在西安的碑林里。

古代很多著名的书法家也给我们留下了不少碑拓，如颜真卿的《臧怀恪碑》，柳公权的《玄秘塔碑》，欧阳询的《上天垂象》等。

碑拓承载了历代石刻所使用的各种书体，反映着一脉相承的汉字在不同时期的演变，本身就是一部直观的中国文字发展史，是我国宝贵的传统文化，对考订史实，研究文字源流与艺术价值，了解古代风土人情、文章诗翰等都是十分珍贵的原始资料。

东汉·《熹平石经》（残片） 蔡邕

隴右節度副大使關西兵馬使拜右武衛將軍吐蕃不敢東向

唐·《臧怀恪碑》 颜真卿

唐故左街僧錄内供奉三教談論引駕大德安國寺

唐·《玄秘塔碑》 柳公权

信杞梓之繫澤衣冠銀青光禄大夫

唐·《上天垂象》 欧阳询

fèng

❶

❷

❸

❹

"凤"读作fèng，看到这个字你是不是想到了"凤凰"？

"凤"的本义是一种神鸟，是中国古代传说中的百鸟之王，象征祥瑞。凤凰头顶华冠，羽披百眼，形似今日孔雀。雄的称为"凤"，雌的称为"凰"。

"凤"是形声字，甲骨文①右上 （凡）是声符；左边 ，是义符，像一个高冠、丰羽的孔雀类的鸟的形态。由于它经常借用以表风，所以它的身旁每加若干小点表风尘或头上加雨成为会意字，表示雨常与风相伴。②为小篆字体，上为 （凡），下为鸟，把特殊的凤鸟泛化为一般的鸟，写起来便利。③是"凤"的繁体字写法。④是"凤"字的楷书写法。

《说文》："凤，神鸟也。天老曰：'凤之象也，鸿前麟后，蛇颈鱼尾，鹳颡鸳思（腮），龙文虎背，燕颔鸡喙，五色备举。出于东方君子之国，翱翔四海之外，过昆仑，饮砥柱，濯羽弱水，莫（暮）宿风穴。见则天下大安宁。'"意思是，凤是神鸟。天老说："凤鸟，前面像鸿雁，后面像麒麟；蛇的脖子，鱼的尾巴；鹳鹊样的额头，鸳鸯样的腮帮；龙纹，虎背；燕子样的下颌，鸡样的嘴；五色全都具备。出自东方君子的国度，翱翔在四海之外，飞过昆仑山，到黄河的砥柱山饮水，在弱水洗濯羽毛，黄昏时宿止在风的洞口。一出现，天下就安宁。"

明·孝端皇后九龙九凤冠　　　　　　　　　　商·凤　玉器

　　古代也用"凤"拟人，如有才德的人会被称为具有"凤德"，有才的人被称为"人中龙凤"。"凤"又指乐器、音律，如"凤管"指的是笙；"凤箫"是古代管乐器名，即排箫。

　　"风"和"凤"在甲骨文中是写为一个字的。为什么是这样呢？古人是摹写字的，大风是什么样子的，却画不出来。要造风字，必须借助于神话。大风没有形状，但神鸟有形可循，于是便画一只神鸟凤，尊之为风神，代"风"字。天上神鸟振翅飞过，拍扇空气，人间就吹大风。《淮南子》记载，帝尧命令后羿射杀名"大风"的妖鸟，以杀风灾而安百姓。"大风"即大凤，凤凰鸟的一种。

　　篆文中的"凤"，从"鸟"，凡声，凡即帆。这个"凤"只能作为鸟名使用，不能像在甲骨文卜辞里那样代替"风"字了，因为专指空气流动的"风"字已经出现，不必用神鸟代替了。

guāi

说到"乖"字，我们会想到"乖巧、听话"。在现代汉语中，"乖"常做褒义词，表示顺从、听话的意思。可是，你知道吗？"乖"本义是背离、违背、不和谐。

"乖"是个会意字，篆书①的"乖"上面像分向两边的羊角，下面的两侧是相背的弧线，合起来表示违背、不和谐。《广雅》中说："乖，背也。"乖，是违背的意思。还有几个词语，如乖戾、乖僻、乖张等都是用来形容性情、言语、行为别扭，不合情理。我们可以说，行为乖戾的人，性情也难以捉摸。②是"乖"的楷书写法。

有句俗语叫"得了便宜卖乖"，出自高阳《胡雪岩全传·灯火楼台》："盛杏荪（sūn）这个人很刻薄，专门做得便宜卖乖的事。"说的是占了别人便宜，自己还装作吃亏了的样子，多用于批评一个人无赖、小气，是个贬义词。比如一个商人高价卖出一件商品，得了巨额利润。但他说："我出这个价卖给你，我可亏大了！"这个商人真是得便宜卖乖。

今天，我们形容一个人机灵、机警、合人心意时，可以用"伶俐乖巧"这个词语。冯梦龙的《喻世明言·蒋兴歌重会珍珠衫》："却说蒋兴歌跟随父亲做客，走了几遍，学得伶俐乖巧，生意行中，百般都会。"

说到"乖"，我们不由得会想到"乘"这个字。这两个是形近字，上半部分字形相同，有时会区分不开，了解了它们的字形起源就不会再混淆了。看，"乘"的甲骨文 像一个人站在大树上，本义是"登上"，后来多用于坐、驾之义。当"乘"读作"shèng"时，表示车辆，四马一车为一乘，如十乘就是十辆四匹马拉的车。春秋时，战争频繁，国家的强弱用车辆的数目来衡量。"千乘之国、万乘之国"的意思就是拥有许多兵马的国家。

秦·铜车马　陕西西安秦始皇陵出土

dǐng

①

②

③

④

⑤

大家参观博物馆时见过"鼎"这类青铜器吧？"鼎"是个象形字，它的甲骨文①像有足、有提耳的青铜容器。金文②保留提耳，变为三足。小篆③鼎的上部讹作目，下部讹作米。隶书④和楷书⑤写作"鼎"，承小篆而来。

《说文》："鼎，三足两耳，和五味之宝器也。"意思是，鼎，三只脚，两只耳朵，是调和各种味料的珍贵的器物。鼎本来是古代的烹饪之器，相当于现在的锅，用以炖煮和盛放肉。鼎是青铜器中最重要的器种之一。

传说夏禹曾收九牧之金铸九鼎于荆山之下，以象征九州。自从有了禹铸九鼎的传说，鼎就从一般的炊器发展为传国重器。国灭则鼎迁，从商至周，定都或建立王朝称"定鼎"。

鼎被视为传国重器、国家和权力的象征，"鼎"字也被赋予显赫、尊贵、盛大等引申义。如"鼎盛"，指正当兴盛或强壮的时候。"大名鼎鼎"，形容名气很大，极其有名。"鼎力相助"，指别人对自己的大力帮助。"一言九鼎"，意思是一句话抵得上九鼎重，比喻说话极有分量。

现藏于中国国家博物馆的商代"后母戊"青铜方鼎，曾称"司母戊鼎"（因为"后"作后，"司"作司，仅有方向朝左朝右的微异），高133厘米，重832.84公斤，是目前世界上发现的最大的青铜器，是国家一级文物。鼎腹内有"后母戊"三字，是商

商·后母戊鼎　　河南安阳出土

王为祭祀他的母亲而铸造的。根据考古专家分析，这种大鼎需要两三百人协同合作才能制成！如此先进的铸造技术和庞大的铸造规模，更显示了我国古代劳动人民的智慧。

鼎除四足方鼎外，还有三足圆鼎。三足鼎，两足之间各呈120度角，三点定面，以此站立。如果三腿中有一条腿受损，鼎就会不稳，所以鼎的三条腿实际上是相互支撑、相互制约的关系。"三足鼎立"源自东汉末年曹魏、蜀汉、东吴三国形成的一种对峙局面。在这里，"鼎"象征三方并立、互相对峙。

"鼎"是个部首字，凡由"鼎"组成的字都与"鼎"器有关，如"鼐（nài）"，就是大鼎的意思。

现代汉字中的"鼎"字虽然经过了甲骨文、金文、小篆、隶书等多次变化，但仍然保留着"鼎"这一器物的形体特点和风范，其物与字几乎融为一体，都有着丰富的文化内涵。

春秋·王子午鼎
河南淅川下寺楚墓出土

商·圆鼎

yuè

①

②

③

④

我们经常见到"湖光山色""三山五岳""一丘之貉"等词语，这里面，有山、有丘、有岳，它们有什么联系和区别呢？为什么我们的父亲称我们的外祖父（母）为岳父（母）呢？与山川有什么关系吗？

大家看，"岳"在甲骨文①中就像上下罗列的山峦，这是一个象形字，上面部分和下面部分就是隆起的山峰，中间部分就是山坳，形象特别逼真。②上为远丘形，下有山。③是小篆的写法。④为楷书的写法。

"岳"字是上下结构，上面是个"丘"。《说文》中写道："丘，土之高也，非人所为也。""丘"在甲骨文中像两座山峰。下面一横，自然是地面，上面的凸起，是不是很像两个并排而立的小土坡呢？"岳"字下面是个"山"，指高山。

《说文》："岳（嶽），东，岱；南，霍；西，华；北，恒；中，泰室。王者之所以巡狩所至。"你知道"五岳"是指哪五岳吗？五岳，是指东岳泰山、南岳衡山、西岳华山、北岳恒山、中岳嵩山。"岳"是"山上之山"的意思，它们峻极于天，后来有了"五岳归来不看山"的赞誉。

唐代诗人杜甫写有一首非常有名的诗——《望岳》："岱宗夫如何？齐鲁青未了。造化钟神秀，阴阳割昏晓。荡胸生曾云，决眦入归鸟。会当凌绝顶，一览众山小。"这首诗描写了泰山雄伟磅礴的

泰山五岳独尊石刻

气象，抒发了诗人勇于攀登、傲视一切的雄心壮志。其中最后一句"会当凌绝顶，一览众山小"就是说一定要登上泰山顶峰，俯瞰群山，群山就会显得极为渺小。

在生活中丈夫要称妻子的父亲"岳父"，称妻子的母亲"岳母"。这一称呼方式是怎么来的呢？这里呀，还有一个好玩的故事呢！

据说，唐玄宗李隆基要到泰山举行封禅仪式，中书令张说担任封禅使。按照惯例，封禅后三公以下的官员都升迁一级，张说的女婿郑镒却凭借张说的权力，由本来的九品官突然间升到五品官。后来玄宗问起郑镒升迁之事，郑镒支支吾吾，无言以对。在旁边的黄幡绰讥笑他："此泰山之力也。"意为"这是泰山的功劳啊！"后来，人们就把妻父称作"泰山""老泰山"，又因泰山乃五岳之首，故又称为"岳父"，同时，称妻母为"岳母"。

你看，我们中国的汉字文化是不是很有意思呢？

fén

①

②

"焚"字的甲骨文①像树林燃起大火，本义是用火烧林木或草。上古焚烧林木是为了田猎，引申泛指烧。②为楷体的写法。

上古时期，草木茂密，野兽很多，用火烧毁山林野草用以驱赶野兽以便将其捕获，甚至可以将其烧熟，此举是古人智慧的象征。原始农业初期，大部分地面被森林灌丛覆盖。人类没有从事农业生产的工具和耕种经验，便选择好适合种植的林地，放火烧成灰烬，于是就有了适合耕种的土地。

郭沫若在《中国史稿》中指出，相传古时有位烈山氏，烧草木种田。从"烈山氏"名称中，我们可以得知这跟原始的刀耕火种制度密切相关。

"焚"字，绝大多数都是焚烧的意思。如含有"焚"字的成语"玩火自焚"，这个成语出自《左传·隐公四年》："夫兵，犹火也，弗戢，将自焚也。"意思是说穷兵黩武就像玩火，如果不收敛必定会烧了自己。再如"焚书坑儒"，意思是指焚毁典籍，坑杀书生。秦始皇统一六国后，采纳宰相李斯的建议，下令焚烧秦国史书以外的列国史记，此为"焚书"。

此外，"焚"字还代表焚人的酷刑。如《周礼·秋官·掌戮》："凡杀其亲者焚之。"又如《左传·僖公二十一年》："夏大旱，公欲焚巫尪。"此两处的"焚"都是酷刑的意思。

秦始皇焚书坑儒并没有影响先贤们对文字的敬

畏，他们认为文字神圣而崇高，写有文字的纸张不应被随意丢弃，哪怕废纸也需洗净焚化。焚字炉，是古时焚烧字纸的塔形建筑，也是为了纪念文字的创造者仓

清·焚字炉

颉和至圣先师孔子。用过的经史子集，被磨损残破之后，要先将其供奉在字塔库内十载，择良辰吉日行礼祭奠，再点火焚化。焚字炉早已成为历史陈迹，但焚字炉所传达的对知识的敬重、对文字的痴迷永远不会过时。

bài

①

②

③

④

仔细观察甲骨文①"拜"的字形你发现了什么？下面是两只手的象形，中间是稻穗。双手捧庄稼谷物，虔诚祭告天地神灵，祈祷好收成。金文②简化为一只手，右边的稻穗也更为形象。小篆③字形线条化、整齐化，外形上愈发贴近双手合掌的样子。楷书④就是我们今天见到的"拜"了。

双手合掌即为"拜"，那你知道当两只手朝向同一方向（左边）的是哪个字吗？这说的其实就是"友"字，两只手紧紧靠在一起，本义是朋友，代表友谊。在古代，志同道合、为同一目标奋斗者，相互之间称呼"友"。那两手之间加入武器变成时，又是哪个字呢？这个字是"兵"，最早是指作战用的兵器和武器，后也指手执武器的战士，以及与使用武器有关的军队、战争等。

《说文》："捧，首至地也。从手、𡥈。𡥈，音忽。拜，杨雄说，拜从两手下。"古代表示敬意的

宋·陶跪拜俑　陕西宝鸡凤县出土

一种礼节，如"叩拜"。后引申指见面行礼，表示祝贺，如"拜寿""拜年"，进而引申为"拜访""拜谒"。

　　叩拜是我们中华民族的一种传统礼仪，以示特别尊敬，古代人以"三叩九拜"为重大礼。还有我们最为熟悉的年俗礼仪——拜年，这是中国民间的传统习俗，也是人们辞旧迎新的一种方式。我们通常在正月初一出门会见尊长、亲戚、朋友，以吉祥语向对方祝颂新年，幼者叩头致礼，谓之"拜年"；主人家则以点心、糖食、红包（压岁钱）热情款待。随着时代的发展，拜年的习俗亦不断增添新的内容和形式，以庆祝辞旧迎新，相互表达美好祝愿。

hóu

①

②

③

④

⑤

观察"侯"的甲骨文①，你看到了什么？没错，位于下方的正是一支箭的样子。它将要射向何方呢？其实，甲骨文的"侯"还记录了古代射箭场的布局，「应是方形"张布（靶子）"的省形。金文②延续甲骨文，字形更加清晰、形象。小篆③在其上面加"人"，表示人所射。④为侯的异体字，后规范为楷书⑤。

《说文》："矦（侯），春飨所射侯也。从人从厂，象张布，矢在其下……矦，古文矦。"天子和诸侯贵族每年春天要举行养老尊老的宴飨，宴飨时要举行"射礼"，而"射侯"就是射礼上用的"箭靶"。《小尔雅·广器》："射有张布谓之矦。""侯"的本义就是指射礼中的射布。那么，古代箭靶是什么样子的呢？从一些出土文物上的绘画来看，先秦的射侯是方形的，而「或「正是方形张布之省。古代豺狼虎豹横行，神箭手大受欢迎，并会被推举为部落的首领，"侯"就做了首领的称呼。于是，另造"靶"字用来表示射布之义。

"侯"还引申有侯爵、爵位的意思。《礼记·王制》："王者之制禄爵，公、侯、伯、子、男凡五等。"侯，在古代指二等爵位。封侯也使"猴"增添了一种吉祥的象征意义，所以，在古代官府屏、壁、文具、什器、玉雕之上及绘画中，猴子的形象具有了"侯"的含义。如果一只猴子爬上树挂印，表示"封侯挂印"；如果一只猴子骑上马背，表示

战国·嵌错宴乐攻战纹铜壶

"马上封侯"。

　　说到"侯",就不得不提到另一个与它有着一竖之差的字——"候"。其实,"侯"与"候"同源,甲骨文的写法都一样。为了区别字义,另造一个"候"字,在单人旁右边加一竖。竖,在甲骨文里的意思是棍子。想一想,在古代部落首领或者国君旁边,你是不是会经常看到一位手持弓箭或木棍的士兵候在一旁呢?他们的职责是随时听候首领或国君的命令,随时应对各种危机,保护首领或国君。于是,"候"就有了等候的意思。后来,事物在变化中的情状都叫作"候",如气候、时候。

zhé

❶

❷

❸

❹

"折"这个字大家都不陌生吧！它是一个会意字。从甲骨文①字形来看，左边是"斧子（斤）"，右边是断开的"木"，意思是用斧子砍断树木。折，本义是折断。大抵西周以后，由于"折"字改从"断草（艸的二'屮'上下排列）"，讹变成了挑手旁，但锋利的"斤"始终存在，没有什么大变化。金文②字形"断艸（草）"中间表示草的断处，即标示草遭斧头（斤）砍杀而上下分离。这里的"斤"旁与甲骨文、西周金文稍有不同，应是字形讹变的结果。小篆③承接金文，并且整齐化。由于"断草（屮）"呈上下叠放之形，后来演变为"手"。隶变后楷书④写作"折"。

《说文》："折（𣂚），断也。从斤断草，谭长说。""折"的本义是折断，读作zhé。折的本义如今仍在使用，后引申为减损、损失，如成语"损兵折将"。还表示挫败、阻止，如成语"百折不挠"，意思是无论受多少挫折都不退缩，形容意志坚强。又可引申为死亡，如"夭折"。也可以表示服、使心服，如"令人心折"。还引申为弯曲，如李白《梦游天姥吟留别》中写道："安能摧眉折腰事权贵，使我不得开心颜。"意思是，怎么能够低三下四地去侍奉那些权贵之人，让我自己一点都不开心呢。

古代的"奏折"、如今的"存折"这两词中用的"折"字本是"摺"字，在"折叠""用纸折成的册子"等这些意义上，"折"是"摺"的简化字。

"摺"字是形声字，"手"为形旁，表示与手有关，"习"作声旁，表示读音。许慎《说文解字》训此字为"败也"。清代学者段玉裁说："败者，毁也。今义为摺叠。"《简化

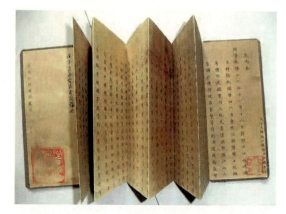

奏折

字总表》规定以"折"代"摺"，根据的就是长期以来的习惯用法。

"折"是一个多音字，不同读音意思也有区别。"折（zhé）"指弄断、折断，要有被弄断的对象。如"骨折"指骨头被弄断，"攀折花木"指抓住花木并且把它弄断。"折（shé）"也指断，而不指明怎么断的。如"棍子折了"，指明棍子处于折断的状态；"枝折花落"，指花的枝干断了，花朵落了。

yùn

❶

❷

❸

❹

古人对天空总是有无限的向往和探索欲。在干农活时，抬头仰望耀眼的太阳外围环绕着一个光圈，古人把这个光圈摹写为 ，叫"晕"。中间的部分表示太阳，四周的短横则表示太阳光受折射形成的圆形光环。环绕太阳的叫作"日晕"，环绕月亮的就叫作"月晕"。《说文》："晕，日月气也。从日，军声。""军"字的本义是古代作战时用军车围成的宿营地。"晕"字用"军"作声符，取其围成一圈的形状，说它是形声兼会意字，也无不可。①为甲骨文的形体。②为小篆的形体。③为楷书的繁体字。④为简化字。

在范仲淹《岳阳楼记》中有一句："朝晖夕阴，气象万千，此则岳阳楼之大观也。"其中的"晖"字，也是由"日"和"军"组合成的，但是"晖"和"晕"的读音和意思不一样。《说文》："晖，光也。""晖"意思是"阳光"，多指光辉，有时就作"辉"来用。这就说明，有的合体字，上下结构可以写成左右结构，如"畧"同"略"、"羣"同"群"，但有的合体字则不能这样，如"忠""忡"不同字，"晕""晖"也是这样。你看，中国的汉字是不是非常有趣！

你知道气象谚语"日晕三更雨，月晕午时风"吗？如果白天出现日晕现象的话，那么在夜半三更（半夜十一点至凌晨一点）的时候就很有可能会下雨；如果晚上出现了月晕现象，那么第二天午时就

日晕

很有可能刮风。这些都是古人根据实践得来的经验。

因为光环远远望去模糊不清，"晕"又指发光物体周围的光圈、色泽或光影四周的模糊部分，如灯晕；再如脸上微微泛起的红晕，以上读音为yùn。在朱自清的散文《桨声灯影里的秦淮河》中："灯光原是纷然的；不过这些灯光都是黄而有晕的，黄已经不能明了，再加上了晕，便更不成了。"我们由此还能想到，看着模糊不清的光晕，时间久了头就昏昏沉沉，天旋地转。"晕"还引申出了昏迷或发昏之意，读yūn，如晕头转向、头晕脑胀等。

guān

❶

❷

❸

在现代，帽子的用途比较多，或遮阳，或抵御寒冷，或装饰。但是在古代，头上戴着不同的帽子，就代表不同的阶级。

"冠"是由"冖""元""寸"组成的会意字。这个字原来写作①，上部从"冃（mào，有时写作冂）"，下部从"元"。"冃"就是帽子，旁边下垂的两笔，表示帽边下垂的绑带；"元"（）表示人的头，即戴帽子的部位。字形演变到篆文②时，而简化成覆盖形状的"冂"形，同时在"元"字右下加了"寸"字。"寸"在这里是人手的象形，手腕处的短横（楷书③中变作点）是后加的指事符号，指手的虎口下一寸处，为寸口。小篆的"冠"字形如一个人用手把帽子戴在头上。《说文》："冠，元絭也。所以絭发，弁冕之总名也。从冂从元，元亦声。冠有法制，从寸。"《礼记》："冠者，礼之始也。"这意味着，"冠"和古代的法治、礼仪密不可分，是一种十分重要的礼帽。

"男子二十冠而字"，"弱冠"是古人的成人礼，男孩子将头发拢成发髻，然后加冠，这意味着他褪去稚嫩，步入成年生活。因为这个时候年纪还较小，身体还未结实强壮，这个年龄也叫"弱冠之年"。冠礼之后，一个男孩儿就要成为顶天立地的男子汉大丈夫了，要承担起对家族、国家的责任，所以"冠"也是责任和尊严的象征，"君子死而冠不免"。《离骚》中有"高余冠之岌岌兮，长余佩之陆离"这样的诗句，戴好帽子，是屈原坚持的气节。

宋代的玉发冠，是士人们避暑的神器，儒雅清丽，别致优美；明代的孝端皇后凤冠，造型端庄，金翠交辉；万历皇帝的金翼善冠，金丝质地，高贵华丽；清代乾隆皇帝夏行服冠，红绒结顶，简练华贵；出土于

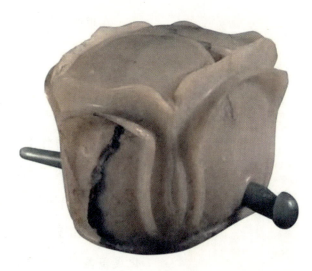

宋·玉发冠

内蒙古的鹰顶金冠饰，最是不同，冠带之上雕狼羊撕咬图案，半球冠顶之上立展翅欲飞的雄鹰，傲视四方。冠是地位和身份的象征，"敬冠事所以重礼，重礼所以为国本也"。

"冠"作"帽子"讲时读guān。后来，"冠"又延伸出冠军的内涵，这时读guàn。"冠军"指比赛中获得第一名的人，可是，"冠"和"第一名"是怎么产生联系的呢？其实，"冠军"是"名冠三军"的简称，指自己的名字在全军中传扬开来，这是特别勇武的战士才能获得的殊荣。把一个人的名字摆到很高的位置上，加以称颂，是不是和戴在头上的冠很像呢？

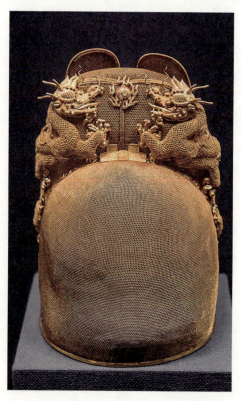

明·金翼善冠

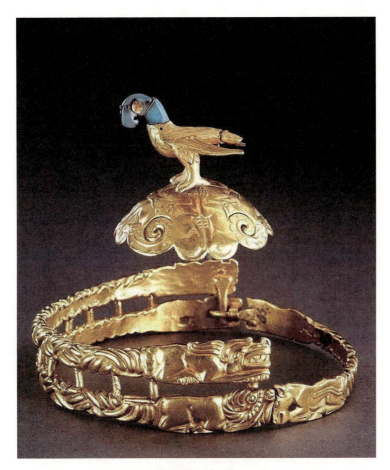

战国·鹰顶金冠饰

zuì

❶

❷

说起"醉"字，自然和酒是分不开的。酒喝多了，就会昏昏沉沉，这种晕乎乎的状态，就是"醉"。

"醉"是一个形声字，左边是一个"酉"，表示和酒有关，"酉"是"酒"的本字；右边是一个"卒"，表示读音，"卒"也有完成的意思。我们也可以这样理解："醉"就是喝酒"完成时"的状态。《说文》："醉，卒也。卒其度量，不至于乱也。""醉"就是能喝多少就喝多少，"卒其度量"是以每个人的酒量为准。虽然喝得"微醺"，但是不至于"乱"，不能丧失理性，借着酒劲去做坏事。你看，尽管饮酒取乐，但是古人很清楚，喝酒时要有节制和理性。

"酉"是盛酒的器具，"酒"字是由酒器的象形字"酉"字衍变而来。《辞源》记载"古文，酒通酉"。金文中往往用"酉"字代替"酒"字，二字通用，可能到小篆才有"酒"字，如①。它以"水"为形符，"酉"为声符。楷体字②，正是小篆隶定而来。

跟酒有关系的字，也都以"酉"为部首，比如：醉酒的醉、酿酒的酿、酌酒的酌和酗酒的酗；此外还有酝酿、酩酊、酬酢，酬酢就是酒宴上相互敬酒，主人敬客人叫酬，客人回敬主人叫酢；还有配，是用不同比例的酒进行调和，以后才引申为配偶、配合、匹配、分配、调配。

"太白醉酒"酒瓶

　　古人很爱喝酒，还留下很多与酒有关的佳作呢！最出名的当属诗仙李白，他有一首名篇叫作《将进酒》，就是劝人喝酒的意思，其中的名句"人生得意须尽欢，莫使金樽空对月。天生我材必有用，千金散尽还复来"，就写出了无尽的畅快与豪情。连诗圣杜甫也不禁写诗赞叹他："李白斗酒诗百篇，长安市上酒家眠。"李白边喝酒边作诗，"酒中仙"的名号不胫而走。

　　《五柳先生传》中也写道："既醉而退，曾不吝情去留。"意思就是：五柳先生来了就大喝，喝醉了就走，没有再留的意思。《始得西山宴游记》："到则披草而坐，倾壶而醉。"这些都是在说古人对酒的痴迷。

　　不过，《史记·屈原贾生列传》中"举世混浊而我独清，众人皆醉而我独醒，是以见放"几句可不是说众人都"喝醉"了，而是指当时的众人糊涂、昏聩，只有屈原独醒，不与世人同流，因而抑郁而不得志，是诗人出世与入世两种人生态度的对话。

hè

❶

❷

❸

不管在哪里看到"鹤"这个字，不管认不认识、会不会读，我们都知道它指一种鸟，因为在它的右边有一个"鸟"字。在中国古文字中，偏旁部首十分重要，甚至我们可通过偏旁部首来推测这个字的读音和意思。"鹤"的右边是一只鸟，左边是什么很多人就不认识了，"隺"和"鹤"同音，在古代也可用它代指"鹤"，基本的含义就是鸟往高处飞。

鹤最早见于篆文，如小篆①，为左右结构，左边表示音读，右边表示义类。我们甚至能从中认出它的爪子、头、羽毛和尾巴。《说文》："鹤，鸣九皋，声闻于天。从鸟，隺声。"鹤，本意为仙鹤（丹顶鹤），泛指鹤科各种水鸟。②为繁体写法。③为楷

引吭高歌的丹顶鹤

书写法。

鹤是一种美丽而优雅的大型水鸟，主要栖息在沼泽、浅滩、芦苇塘等湿地，以捕食小鱼虾、昆虫、蛙蚧、软体动物为主，也吃植物的根茎、种子、嫩芽。它们善于奔驰飞翔，喜欢结群生活。鹤在睡眠时常单腿直立，扭颈回首将头放在背上，或将尖嘴插入羽内，形象十分独特。也正是因为鹤的优美身姿，其在中国文化传统中有了一席之地。

松鹤延年

《诗经》有"鹤鸣九皋，声闻于天"的描绘，由于鹤形貌出众，有高人隐士之风，被视作仙禽和长寿之物，又因鹤舞姿态美妙，所以古时王公贵胄和文人雅士很爱养鹤以供玩赏。

较早记载养鹤的事要属《左传》："卫懿公好鹤，鹤有乘轩者。"晋代羊祜镇守荆州时，曾经教野鹤跳舞以娱乐宾客。陆机被成都王司马颖所杀，临死时仍叹道："今日欲闻华亭鹤唳，不可复得。"可见其爱鹤心切。以鹤为题材的作品，如白居易《池鹤》、杜牧《别鹤》、苏轼《鹤叹》等，数不胜数。鹤在中国文学里，是一个很常见的描写对象，有平实的白描，也有加以神化，用以象征离别、情义、君子、大志、清高、隐逸、神仙、长寿等。

不只是在古代鹤被视为珍稀之物，今天我们也建立了很多湿地公园、保护基地等，用来保护这些美丽的精灵们。

yí

❶

❷

❸

❹

"宜"的甲骨文①字形，一般认为像砧板 Ӗ 上放着两块肉的样子，本义是菜肴（有的说是置肉祭祀），吃得饱，而且能吃肉，生活自然是惬意的，故引申为相宜、适宜，又引申为适合、适当、应当、应该的意思，后引申有美善义。《说文》："宜，所安也。从宀之下，一之上，多省声。"是说，"宜"让人感到舒服安适（此为引申义）。金文②与甲骨文相近。小篆③的上部是房子"宀"，底下一表示土地，中间是"多"字省掉了一半，写作"夕"，许慎认为"多"字表示读音，有房子有土地，就是安适的。④是楷书的写法，是小篆的稍稍讹变。

"宜"在古文中最多的意思就是"合适"。《吕氏春秋·察今》："世易时移，变法宜矣。"社会不同了，时代变了，改变法令制度是理所当然的。这句话说明必须顺应时势，而不要做"刻舟求剑"式的顽固守旧派。而"宜"在这的意思就是要顺应时代而为，所以译成"适合"最为相宜。在古诗里"欲把西湖比西子，淡妆浓抹总相宜"中的"相宜"也是如此。

在《诗经·桃夭》里，有这样一句："桃之夭夭，灼灼其华。之子于归，宜其室家。"这是说，桃花怒放千万朵，色彩鲜艳红似火。这位姑娘要出嫁，喜气洋洋归夫家。这里的"宜"不是适宜，应译成"和善、和善"。

人们向往安居乐业，过上富足安宁的生活，于

清·《桃花春水》 工时敏

是把好多地方的名字里也加上了"宜"这个字，宜川、宜山、宜兴、宜春、宜宾、宜昌、宜良、宜阳、信宜……一个个带有"宜"的地名，都代表了人们对美好生活的向往。

"宜"还是一个很古老的姓氏，但是姓"宜"的人很少，关于这个姓氏还有一段传说：西周末代天子周幽王宠幸褒姒，废掉申后和太子姬宜臼。申后逃回申国。姬宜臼为了逃避迫害，东逃南郑，在河滩牧马。在南郑期间，一个村姑关照姬宜臼，并产生爱慕之情，二人生下一个儿子。一说，申后的父亲、姬宜臼的外公申侯联合犬戎报仇，杀死幽王，使西周灭亡。犬戎退兵后，姬宜臼登基，迁都洛阳，东周开始。姬宜臼就是周平王。由于地位悬殊，姬宜臼未能迎儿子入宫，以自己的名字就地封儿子姓宜，民间称宜丘太子。这一脉的宜姓主要分布在陕西、河南、山西等地。

zhū

王国维曾写道："最是人间留不住，朱颜辞镜花辞树。"这两句词，感叹很多事物都是人间难以留住的，美好事物总是那么短暂。"朱颜"的含义是红润美好的脸庞，在这里，"朱"指女子脸庞红润有气色。

甲骨文中的"朱"字①，就是一棵树的象形：中间的一竖代表树干，上面向上伸的两个杈代表树枝，下面向下伸的两个杈代表树根；在树干的中间，有一个圆点（或短横），指示这是树干（正如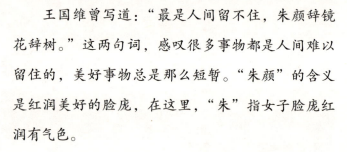中的圆点与短横分别表示树根与树梢一样）。所以，"朱"的本意应是树干，即"株"的初文。画的是哪种树呢？就是"赤心木"，一种树心为红色的树木。当然，"赤心木"是一种古称，大约就是现在我们常说的松柏。

甲骨文的"朱"字中间，是一个小圆点，金文②同样是一个小圆点，它们都是一种指示符号，相当于我们在读书时候做的标注，以特别突出这一部分，这一部分指的就是树干。小篆③和楷书④与甲骨文、金文形体相近，不过已线条化或笔画化了。

"朱"字最普遍的含义是"红色"。这个红色可不是一般的红色，在后世的演变传承中，朱红特指正红色、大红色，就像故宫的宫墙用的颜色，是鲜血的颜色，也是古代胭脂和朱砂的颜色。桃红、粉红都不可以被称为"朱红色"。朱红色在中国的仪式典礼上用得特别多，不管是古代祭天、登基，还是现代结婚，这一颜色都少不了，也代表着亮丽的中国红。

　　"朱"作为一种颜色，或者说是颜料，其原料是朱砂——一种提取出来的矿物。朱砂的粉末呈红色，可以经久不褪。在古代，朱砂还被用来炼丹，被古人认为是一味良药，据说服用后有延年益寿的作用，当然这一说法没有科学依据。

朱砂

lán

❶

❷

❸

❹

有一个字谜：眼看不大美，幽香令人醉，打一种植物。答案是"兰"。

金文①中的"兰"，字形结构比较复杂，从上往下来看，它一共由三部分构成，最上面是草字头"艹"，带"艹"的字，大多与花草植物有关系。中间是"门"字，左右结构，我们能从中看出门框和门板的样子。下面是一个"柬"，从束，从八；"束"，扎束，在这我们可以理解成将挑选出来的草扎成一束。现在看"兰"字的意思就非常明显了，就是指在门口挂的草，什么草呢？自然就是兰草，古人将香草插挂在居所，用以醒脑放松，驱蚊求吉。这就是"兰"这个字的本意。这里我们把"兰"释为会意字。《说文》："兰，香草也。从草阑声。"许慎虽释兰为形声字，但其义也是香草。

有趣的是，小篆②和楷书③字形变化并不大，只是线条化和笔画化了，并无其他变化。简化汉字后，才有了我们所熟知的"兰"④。

"兰"在中华文化里不仅仅是一种植物。在《周易》里就有："二人同心，其利断金；同心之言，其臭如兰。"这是说，同心协力的两个人，他们的力量足以把坚硬的金属斩断；同心同德的人说出来的话，就像嗅到芬芳的兰花香。在这里，"臭"通"嗅"，气味的意思。于是就引申出"义结金兰""金兰之交"等形容朋友交情深厚的成语。

因为兰花多在深山空谷中幽放，孤芳自赏，所以经常有人拿来自比，像屈原《离骚》中"扈江离与辟芷兮，纫秋兰以为佩"，就是说，我把江离芷草披在肩上，把秋兰结成索佩挂身旁，旨在传达自己高洁的人格。

孔子说："夫兰当为王者香。"意即"兰花的香味可在花中称王者"。"兰"也可以作形容词，指代美好，比如称别人的房间为"兰室"，称别人的文章为"兰章"，等等。

"芝兰生于幽谷，不以无人而不芳"，兰花的高洁隐逸形象就此印在每个人的心中。

兰花

héng

①

②

③

《说文解字》："衡，牛触，横大木其角。从角从大，行声。"《周礼》曰："设其福衡。"衡，是牛角上的横木，因为有些牛脾性暴倨，喜欢用尖角抵触人或物，造成损失，所以在牛角上绑上比两角更宽的横木，这样使牛角不能直接抵触到人或物。"福（bī）"与"衡"同义。"衡"的金文①采用"角、大"作形旁，用"行"作声旁。这里，"角（ ）"指牛角；中下部为"大（ ）"，指人在牛角上绑横木，牛角就不会伤人了。人在行走时，身体必须保持平直，不能东倒西歪，这样才不至于摔倒，而绑在牛角上的横木，也必须捆绑得平实才能起到防范作用，所以"衡"字用"行"字作声符并会意，又有平、对等之意。②为小篆的写法。③为楷书的写法。②③都直接承金文形体而来，只是线条化或笔画化了。

"衡"有着很多的意思，比如像刚才说的绑在牛角的横木、车辕前端的横木、架在屋梁或门窗上面的横木。除了这些，最多的意思便是"衡量"了。秦始皇有一个很大的功绩是统一"度量衡"，度是度量长度，量是度量体积，衡是度量重量。战国末年，诸侯国内部都有自己的度量单位，导致商业贸易受阻，统一度量衡极大促进和方便了贸易的往来。

在古代，人们将北斗七星中最亮的那颗星称为玉衡，因此，"衡"有时象征权力。《尚书·舜典》

衡

轭

辀

铜车马的辀、衡、轭

曰："在璿玑玉衡，以齐七政。"曹冏曾在《六代论》中说："至于桓灵，奄竖执衡。"就是指汉朝的汉桓帝、汉灵帝让宦官掌权（执衡）。

"衡"也常作地名，像衡山、衡水都是很著名的地方。

chén

①

②

③

④

"臣"字的甲骨文①就像一只眼睛，而且是竖着的眼睛，我们仔细看的话会发现，这只眼睛是往下看的，表示臣服。

在中国古代，"臣"这个字应用是非常广泛的，在奴隶社会，因为各种原因（打仗、犯罪等），有些人就成了奴隶，而且世世代代都是奴隶，男性奴隶有时要去劳作，有时会被当成祭品，他们就自称臣。所以，起初"臣"这个字不是指现在我们熟悉的大臣、官员的自称，而是奴隶。

"臣"这个字在古文字里写法特别多，其字形中的"眼睛"有的竖着写，有的反着写，有的是圆眼珠，有的变成三角形尖眼珠。在不断演化之后，"臣"这个字的字形从像一只眼睛开始，变得越来越抽象，到了战国时，它的写法已经基本确定下来了，和我们所熟知的"臣"的文字形象基本没有什么差别。《说文》："臣，牵也，事君也。象屈服之形。"在这一形体基础上，发展成隶书和楷书。②是金文的写法。③是篆书的写法。④是楷书的写法。

《尚书·费誓》："马牛其风，臣妾逋逃。"这里的"臣"是男奴的意思，"妾"是女奴的意思。在夏商时期，"臣"大约都是指代奴隶，但是也指代国君所统治的臣民，在我们熟知的《诗经·小雅·北山》里就有这样一句话："率土之滨，莫非王臣。"这里的"王臣"指的就是王的臣民。随着时代的发展、时间的推移，"臣"这个字的含义更广了。《左传·襄公九年》："君明臣忠，上让下竞。"这里，"臣"指代的不是民众，而是君主制下的官吏。

在文言文里，"臣"也常作动词，表示"对……臣服"，"而欲以力臣天下之主"中的"臣"，就是名词作动词，臣服的意思。关于"臣"的词语，有一点是相同的，都带有明显的尊卑等级秩序，如臣民、臣仆、大臣、臣子……

秦·围人陶俑　陕西西安秦始皇陵出土

diǎn

❶

❷

❸

❹

"典"这个字的甲骨文①是上下结构，上面是"册"，意为编连在一起的用来书写的竹简，下半部分是一双手（或解释为放置书的架子）。两相会意，"册"字表示用双手恭恭敬敬地捧着书册，或将书册置于架子上，以免受潮。书册称为"典"，本义是指重要的书籍，也就是有文献价值的书籍。

在殷商时期，以形象会意的"典"字有在"册"形下、双手形之间加平行两短横为饰笔的形式，如𤔲；有的把双手省作一手形，如𠦪。西周时，"典"字中完全隐去了双手形，册下的部分变为"丌"形。到了战国时期，"典"的字形基本确定下来。②是金文的形体。③是小篆的形体。④是楷书的形体。

古人在写诗的时候，经常会"用典"，就是引用古籍中的故事或词句。比如名句"羌笛何须怨杨柳，春风不度玉门关"中的"杨柳"，是指《折杨柳》曲，古乐曲名，多为伤春悲离之辞。古诗文中常以杨柳喻送别。在"羌笛何须怨杨柳，春风不度玉门关"一句中，巧妙用典，写了戍边士卒在国防重镇的荒凉境遇里，忽然听到了羌笛声，所吹的曲调恰好是《折杨柳》，触动了他们的离愁别恨。于是诗人用豁达的语调排解道：羌笛何须老是吹奏那哀怨的《折杨柳》曲调呢？要知道，玉门关外本来就是春风吹不到的地方，哪有杨柳可折！

"典"还有抵押的意思，如果没钱了去当铺借

竹简

钱，就需要有一个值钱的东西抵押在当铺，借出钱来，有了钱还回去，没钱东西就归当铺了，称之为"典当"。

fèng

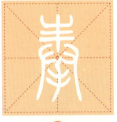

　　"奉"这个字的金文①呈上下结构，上面是 代表的就是谷禾，下面是两只手，上下两相会意，即用手捧着谷禾，献祭给天神、地神，以求得种植的谷物丰收，就是"奉"。

　　篆文②中，不仅小篆上半部的"谷禾"变成了既表意又表音的"丰"，还在原来两只手的基础上又加上了一只手。字形变化后，"奉"的意思中加入了"恭敬"的成分，强调"恭敬地捧着"这层意思。这样，"奉"的基本意思就是：双手恭敬地捧着生长茂盛的植物，祭拜土神，以求种植丰收。

　　隶书阶段的"奉"已经演变成今天的模样。篆文中的"丰"变成了"奉"的上半部，中间的第三只手变成了两横一竖。③是楷书的写法。

　　"奉献""奉承"等新的义项逐渐出现后，人们又在"奉"前加了一只手，造出"捧"这个字，专门表达"双手捧着"这个意思。"奉"，更多的时候表达"奉承""奉献""拥戴、讨好""恭敬地接受"等意思。

　　"奉"更多用作敬辞。在古代就有"奉天承运，皇帝诏曰""奉旨"等词语来表达无法抗拒的皇帝指令，"供奉""信奉"中也有拥戴、尊敬的意思。

liáng

①

②

③

④

有一句话叫作"民以食为天"，在人类社会，粮食尤为重要，关系到百姓民生。那"粮"这个字在古代汉语中是怎么写的呢？

金文①"粮"是左形右声结构的形声字，左边是一个"米（）"字，它也是一个象形字，像若干米粒的形状。"粮"的右边部分是一个"量"字，上半部分是一个"日"字，就是指太阳，下半部分是一个"东（東）"，代指方位，意思是通过太阳获得方位为"量"。隶变后楷书写作"糧"；异体作"粮"，从米，良声，如今规范化，以"粮"为正体。②为篆书的写法。③为隶书的写法。④为楷书的写法。

《说文》："粮（糧），谷也。从米，量声。""粮"的本义是粮食，如成语"寅吃卯粮"，意思是寅年吃了卯年的粮食，比喻预先支用了以后的进项。

在古代，"粮"又特指行路用的干粮。"粮"和"食"是有区别的。所谓"行道曰粮，止居曰食"，这是说：路上带的干粮叫粮，家里吃的有水分的食物叫食。"粮"又特指士兵作战用的军粮，如"兵马未动，粮草先行"。

在战场上携带的粮食，有非常多讲究，要适量，少的话不够吃，多了就成为负担，影响行军打仗，所以在"粮"的繁体字"糧"里面，有一个"量"字，就是表示要强调米的量，即多少。

"粮"还有一个意思，就是古代薪饷，即朝廷

谷子

玉米

量绩配发给官吏的谷物。这个是在古文中才有的意思。《备考》："粮者，廪禄之谷，从量，以酌量功事赋给。"在古代，官员直接发禄米，就是直接发粮食，被称为"粮"。

"粮"还是一个姓氏，但是比较少见，在山西、江西有分布，可能是祖先在选择这个字作为姓氏的时候，希望后世子孙都代代有粮食吃吧！

quán

①

②

③

在我们生活中，常使用"权"这个字，那"权"是如何演变的呢？

《说文》："权（權），黄华木。从木雚（huán）声。一曰反常。""木"为树，作为形符，表示与树有关；"雚"字指猫头鹰类的小雀，其中"吅"指雀目，有注视猎物的含义。因此，"權"字可以看作是眼睛注视木制秤杆的平衡情况，由此产生衡量轻重的含义。后表示秤锤，秤锤在秤杆上的位置是暂时的和变化的，由此产生暂时和变通的含义；秤锤的大小，也就是重量标准是由国家即君王决定的，《广雅·释器》："锤，谓之权。"由此产生权力、支配、威势的含义。①为篆书的写法。②为繁体字的写法。③为楷书写法。

清·称心如意 花钱

zhòu

①

②

③

④

⑤

我们都知道成语"夜以继昼",意思是用夜里的时间接上白天的时间,形容日夜不息地努力。成语里的这个"昼"就指白天。

"昼"字是一个会意字,即用尺子测量太阳在地平线上的影子。古时根据测量太阳投射影子的长短来确定时间的早晚。

"昼"字很早就被造出来了,在最初的甲骨文①中,它由三部分构成。上面两部分,一个象征着手(木),一个象征着笔(乀);下面画了个方框,点了个点,这就是我们熟悉的"日"字,象征着太阳。"昼"和太阳有关,我们都理解,白天和黑夜的区别就在于是否有太阳,但是甲骨文①中为什么有一个写字的手和笔呢?有一种解释是这样的:在很久以前没有历法,人们就从每天的天亮开始,用笔记录天数,以计算度过的时日,而被记录的这些天的白天就是"昼"。

后来演化为金文②,上面的笔和手合为一体,下边的"方太阳"变成了"圆太阳";演化到小篆③时,"日"的下边还多出了一个短线条,表示昼夜时间的分割,它和"日"一起组成了"旦",就是太阳刚升起的样子,强调白昼始于日出。④为楷书的写法,是小篆的笔画化。⑤为"书"的简化字。

古人的智慧是无穷的,他们用不同的字的组合表示白天不同时间:"日"在"木"中为"东"

（东），这个时候太阳正从东方升起；"日"在"一"上为"旦"，这个时候太阳已升至地平线以上；"日"在"木"上为"杲"，这个时候天已大亮；"日"在天空正中为"午"，此时太阳在天空中的位置最高；"日"向西倾斜为"昃（zè）"，这个时候太阳已过正午，向西移动；"日"在"木"下为"杳（yǎo）"，这个时候太阳落山，天色昏暗。

中华文化博大精深，这么一个"昼"字就有如此多的学问，看到这，我们更要"昼夜不舍"地努力，实现自己"昼思夜想"的梦想。

故宫日晷

bǎng

①

②

③

在古时，有人生四大喜事的说法："久旱逢甘霖，他乡遇故知。洞房花烛夜，金榜题名时。"这人生四大喜事中，与学生息息相关的就是金榜题名。在古代，考试过后都要放榜，就是张贴考试名次，所有考生都会在放榜那一天来到榜文之下，找自己的名字，找到称为"上榜"，如果没有就是"落榜"。上榜者意气风发，落榜者垂头丧气。这个"榜"字到底怎么来的？我们从"榜"的小篆①字形中一探究竟吧！

《说文》："榜，所以辅弓弩。从木，旁声。"篆文①榜＝木（木，器械）＋旁（旁，一说，它既是声旁也是形旁，表示套在囚犯头上的方形木枷），表示木枷，本义指古代绑在死刑犯背上、写着罪犯名字和罪名的木牌。后引申为古代刑罚系、缚、榜、笞、髡（kūn，剃去头发）、刖（yuè，砍掉腿）、黥（qíng，面部刺字）、劓（yì，割掉鼻子）中之一。②是隶书的写法。隶化后，楷书榜将篆文字形中的木写成木，将篆文字形中的旁写成旁。③是楷书的写法，皆承小篆形体而来。

"榜"的字义从写着罪犯名字和罪名的木牌子逐渐演化为写着科举排名的牌子，这和中国古代一个重要的制度，即科举制有关。

科举制起源于隋朝，我们大致可以理解为现在的高考和公务员考试，学子苦读数年，只有通过科举考试后才可做官，改变自己和家族的命运，因此

状元及第

对普通人来说十分重要，而公布的成绩排名就称"榜示"。后来，凡官府发的公文或写上字的牌匾，都称为榜。

在科举考试中，殿试第一名叫作状元，我们都很熟悉。第二名叫作榜眼，是什么意思呢？榜眼之名始于北宋。初时第二、三名俱为榜眼，意思是第二、三名分立状元左右，如其两眼。后以第三名为探花，因此只称第二名为榜眼。

摇船的用具也被称为"榜"，所以船夫也被称作榜人。

gāng

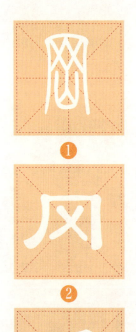

❶

❷

❸

在苏轼的词《江城子·密州出猎》里，开头几句："老夫聊发少年狂，左牵黄，右擎苍，锦帽貂裘，千骑卷平冈。"听着非常有气势，但是有人不禁要问了，千骑卷平冈里的"平冈"指的是什么呢？我们就从"冈"字的演变中探究一下吧！

《说文》中："冈，山骨也。从山，网声。"山的高处像兽脊凸起的部分，山脉如网，山骨便如网线，山势凸出的部分即为冈。在《诗经·周南·卷耳》里有一句："陟彼高冈，我马玄黄。"意思是：登上高高的山脊梁，马儿腿软已迷茫。"冈（岡）"字的小篆①作"冈"。②是隶书的写法。③是楷书的写法。

在中国广阔的山河大川里，就有各种有名的"冈"。有武松曾到过的"景阳冈"，有被誉为中国革命摇篮的"井冈山"，还有"云冈石窟""黄冈市"，等等。

为明确表示字义，后便在"冈"上加义符"山"写作"岗"，表示较低而平的山脊，引申指守卫的地方、职位，如岗哨、岗位，还用于"花岗岩"。

北魏·立佛（局部） 云冈石窟雕塑

zé

①

②

③

④

我们知道，带"三点水"的字大多都和水有关，"泽"就是如此，表示水或水草积聚的低洼的地方。那么你知道"泽"是怎样演化而来的吗？我们一起来看看吧！

《释名》："下而有水曰泽。"此为"泽"的本义，即因为重力作用，在低洼地方汇聚成的水塘。《说文》："泽（澤），光润也。从水，睪声。"此为"泽"的引申义，即光滑、润泽的意思。因为水泽本身就是水汪汪、波光粼粼的样子，就引申出了光润的含义。这个光泽不只可以指水，还可以指宝石的表面、金属的表面，或者皮肤等。

"泽"还有恩惠、恩泽的意思。《庄子》："泽及万世而不为仁。"意为恩惠可以施及子孙万代，形容恩德无量。因为"泽"指代水，水可滋养、湿润植物，使它焕发生机。于是，恩惠、恩泽的意思就出现了。

因为"泽"这个字的寓意比较美好，很多情况下还被用于人名中。

泗洪洪泽湖湿地公园

máo

①
②
③

《韩非子》里有一个故事讲的是：有一个楚国人卖矛又卖盾，先说他的盾坚固得很，不管用什么矛都戳不穿，又说他的矛尖锐得很，不管是什么盾都能戳穿。有个围观的人问道："用你自己的矛刺你自己的盾会怎么样？"此人无以对答。后来用"矛盾"来形容一个人说话做事自相抵触。

在中国冷兵器时代，"矛"也算得上比较常见的武器了，那"矛"这个字是怎样演化来的？我们一起往下看。

《说文》："矛，酋矛也。建于兵车，长二丈。象形。"这是说，矛，即长矛。树立在兵车之上，长两丈，是象形字。在金文①里，"矛"字就是一个矛的形状，有一个金属或者硬物做的尖头，尖头的旁边是穗子，下面是一根长柄，在柄的一侧有耳，可以用绳子穿过，绑在战车上。小篆②在金文的基础上加以线条化。隶变后楷书③写作"矛"，是小篆的笔画化。

那么"矛"是怎样出现的呢？在原始社会，人们把长木棒的尖端削磨成尖锐的"锋"，用来扎刺鱼、兽，这大概就是矛的前身。后来，人们开始用石头打制成石矛头，用兽骨磨制成骨矛头，绑缚在长木柄上，这就大大提高了矛的刺杀效果。早在商朝已出现青铜矛头，并且大量地用于战争。考古人员曾在殷墟侯家庄出土了一层成捆的青铜矛，每捆10支，共700余支，可见那时青铜矛的制造量已经很大了。殷王的禁卫兵多装备这种铜矛。

后来矛不断演化成前面尖头，有一个红色的穗子，长柄有耳的基本形态。这类兵器在外国也有。在中国还有一种冷兵器，就是"枪"，不是打子弹的火枪，而是红缨枪，枪和矛的形态很相近，矛是枪的前身，二者区别为：矛是重兵器，硬杆，而枪比较轻，竿也较软。

在中国古代故事中，张飞用的丈八蛇矛为人熟知，又名丈八点钢矛，矛杆长一丈，矛尖长八寸，刃开双锋，作游蛇状，故而名之。想必张飞拿着此矛立在当阳桥前时，定是有着万夫不当的气势啊！

战国·各式矛　湖北随县曾侯乙墓出土

秦·刻铭矛　陕西西安秦始皇陵出土

fěi

①

②

③

④

我们看到"匪"字最直接的印象就是它有土匪的含义，但实际上，"匪"字最开始可不是这个意思，让我们一起从古文字里探究"匪"字的演化历程吧！

《说文解字》："匪，器似竹箧。从匚非声。""匪"本义盛物之器，是"箧"的古字，形似竹箧。古时以匪盛钱币和锦帛，其器椭方，而非正方。后来，这"不方正"用到人身上，便指不方正之人，劫财害命的"土匪"之义由此引申出来。

"匪"字演化到了隶书阶段，外面的"匚"没有改变，里面演化为一个"非"字，就成了我们今天常用的"匪"字。金文①就是作为不方正竹器的"箧"字。②为小篆"匪"的写法。③为隶书的写法。④为楷书的写法。不过②③④大半已不表示"箧"之义了。

在古文中，"匪"还表示否定，像《诗经·氓》："匪来贸丝，来即我谋。"这是说，其实不是真换丝，而是找个机会谈婚事。《蜀道难》中："所守或匪亲，化为狼与豺。"这是说，驻守的官员若不是自己的近亲，难免要变为豺狼踞此为非造反。二者都是"否定、不是"的意思。

《诗经·卫风·淇奥》里有著名的一句"有匪君子，如切如磋，如琢如磨"，这里的"匪"就不是否定的意思了，而是通假字，通"斐"，赞美君子有文采。

péng

①

②

③

④

"彭"字在甲骨文中出现的频率较高，异体字也较多。我们猛一看甲骨文①"彭"字左边，是一个鼓的形状。有人会好奇，为什么鼓上面还有一个像三叉戟一样的东西呢？那是因为在古代，鼓是礼器，这个三叉戟其实是装饰它的羽毛或者是鼓身上安插的花穗一类的装饰品，所以字形像上插羽饰、下有脚座的圆鼓形，现在多写成"壴"字。而在另一边（大多在右边）有三条斜线，有的字是三个点，代表的就是敲鼓发出的声音，而这个声音就是"彭"。就像现在，我们在画画的时候，要是表示声音、光线就用线条来代替，就像现代图画中的表声手法。为什么是三条线或者是三个点呢？因为在古代，"三"表示多的意思，指声音很大，敲的次数也多。

"彭"从甲骨文发展到金文②，表示鼓声的几点一般作"彡"形，而且几乎都位居右侧，偶见写成两画的。随着时间推移，秦时小篆③形体小异于金文，右边彡写作彡。到了汉代的楷书④，"彭"字写法就规范了起来，成为我们现在看到的这样。

《说文》："彭，鼓声也。从壴，彡声。""彭"开始就是表示侧敲鼓的声音，"彭"是"嘭"的本字，当"彭"的本义消失后，再加"口"另造"嘭"代替。击鼓技法中，垂直敲击鼓面中心发出"咚咚"声，侧击鼓面发出"嘭嘭"声。

yíng

①

②

③

"赢"这个字很难写，最上面是一个"亡"，下面一个扁扁的"口"字，再往下是并排的"月、贝、凡（实际上，应作'凡'）"三个小字，一不留神就可能写错，那这个字是怎样演化的呢？为什么会变得这么难写呢？让我们一起来看一下"赢"字的演化历程。

有人说金文①中的"赢"就像一条多桨龙舟上面背着海贝。在古代没有货币，金银一类金属也十分稀缺，很多地方用贝壳作为货币。人们乘舟拾贝，满载而归就代表"赢"，这也是为什么在"赢"字的中间有一个"贝"字。

也有人说，这个不是龙舟，而是蜜蜂，文字简练地描绘了蜜蜂的形象，突出了几个特征，像蜜蜂的头和口器，还有蜜蜂的身子、绒毛，身体后面还有一根针。古人比较观察（不同）蜜蜂的外形和行为，从这个字的本意进一步引申出了三方面的含义：劳动，劳累；积累，富余；获利。如《左传·昭公元年》："贾而欲赢，而恶嚣乎？（商人要获利，还能讨厌喧闹吗？）"

也有人说赢由"能"而来。《说文》："赢，有余、贾利也。从贝，羸声。"而"羸（luó），或曰兽名。象形，阙"。段玉裁认为，"羸"是"多肉之兽"，大家比较认可这一说法；许慎释"赢"为"有余、贾利"也是可以采信的。在小篆②中"赢"变为"亡""口""肉""凡"四部件。在楷书③中

秦始皇像

秦始皇嬴政像

变为"肉""虬",又变为"月""凡",确定了"嬴"的字形。

在现代汉字里面，有很多字和"嬴"字长得很像，比如"赢"也念yíng，但是"赢"的下面是"月、贝、凡"，而"嬴"是"月、女、凡"。"嬴"是上古八大姓之一，最有名的就是秦始皇嬴政了。还有一个字与它非常相似，那就是"羸"，读作léi，是瘦弱、疲惫的意思，可以组词为"羸弱"。同学们一定要擦亮眼睛，区分清楚呀！

ní

①

②

③

④

⑤

"尼"在汉语中是一个颇为常见的字，比如词语"尼姑"，但是如果问"尼"是什么意思，相信大多数人都会面面相觑，说不出来了。那我们就从"尼"字起源里来看看它的含义吧！

有人把甲骨文①释作"昵"，从字形上，我们可以看出左边是个"人"字，中间的部分其实也是个"人"字，只不过这个"人"身高比较矮，刚刚到左边人的腿部那么高。我们可以认为这是一个大人和一个小孩子的组合。右边部分在甲骨文中是"行走"的意思。组合起来看，应该是"大人去哪里，小孩子都紧紧跟随"之意，再推敲一下，是不是可以理解为"小孩子黏着大人"的意思呢？

金文②中的字形相较于甲骨文有了一些新的变化。右边代表"行走"的部分消失不见了，左边代表大人和小孩的，分别在腿的部分加上了一条短横。所以根据这个字的字形，同样可以理解为"大人去哪，小孩子跟着去哪"，还有"黏着"的意思。

到了篆文③时，为了书写简便，笔画有些许精简，同时字的结构也发生了变化，从原来的左右结构变成了半包围结构。但从组成这两个字的两部分来看，仍能看出是一大一小两个人，只不过代表大人的"人"字，变成了"尸"字。

在隶书④和楷书⑤中，字形进一步变化，最终形成了现在我们看到的"尼"字。变化之一在于上方的"人"明确地变成了"尸",下方的"人"写成了类似"匕首"的"匕"的样子。

那么,这和尼姑有什么关系吗?原来,佛教从印度传入中国时,很多词语要从梵语译成汉语,佛教的出家男性信徒被译成"比丘",出家的女性信徒就叫"比丘尼",后来在中国俗称"尼姑"。

liáng

"梁"字始见于西周时期的金文①。《说文》："梁，水桥也。从木从水，刅声。""梁"的本义就是指桥梁。

小篆②承金文形体而来，表示在水上架木成桥。隶变后，楷书③写作"梁"，成为典型的上下结构的、二形一声的形声字。

那什么叫"梁"呢？在建筑或者大型机械构建中，横向来承力的就叫作梁，最典型的就是房梁。古代房屋屋顶不可能悬空，会用到梁和柱，其中"梁"就是横着贯穿屋顶，把屋顶撑起来的大木头。很多词语在称赞某人时，也有"梁"这个字，如栋梁之材，比喻担负国家重任的人。

梁还是一个地名。在《禹贡》古九州之一中，有梁州；在古代有城市叫大梁、汴梁，山东境内即有《水浒传》中的水泊梁山。

雕梁画栋的长廊

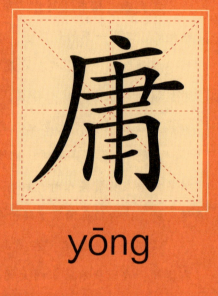

yōng

❶

❷

❸

❹

如果用"庸"这个字组词，你会组什么词呢？平庸、附庸、庸俗、庸庸碌碌……那么，"庸"最初是什么意思呢？它又如何演化为我们现在看到的样子呢？

有人说，"庸"是"墉"的本字。庸，甲骨文①㽿由Ｙ（倒写的"人"）和Ａ（倒写的"其"，即"箕"，在这里代指筛土运石土的器具），以及Ｈ（凡，多人使用的"井"形夯地桩）构成，表示人用土箕挑土夯墙。金文②㪛上部从"庚（甫）"，下部从"用（用）"，以"用"作为声旁。"庚"古为乐器大钟，因而庸（鏞）应是乐器大钟镛的初字。小篆③和楷书④都承续甲骨文、金文而来。

《说文》："庸，用也。从用从庚。"这样说来，笔者以为，"庸"本义释为"墉"或释为"镛"可以并存，而"用"当为声兼义。因为城墉和钟镛都是借人应用之物，所以许慎解作"用也"，这应当是"庸"的引申义。而在古代社会，垒墙做苦工没人愿意干，都是一些地位较低的劳动者，甚至奴隶做这项工作，或者说，镛钟是日常使用之物，所以这个字有平庸、平常的意思，引申为不出彩、不高明。

在中国思想史上很重要的"中庸"思想，"中"，就是中道而行，所谓中道就是不偏不倚，而"庸"即恒常，坚守自己的内心，中正平和，凡做事都要把握好分寸。

钟

cāng

①

②

③

④

⑤

《诗经》里有一句："乃求千斯仓，乃求万斯箱。"由此还诞生了一个成语"千仓万箱"，意思是还需要再建造一千座粮仓，还需要再打造一万辆运粮的车厢，意为年成好，储存的粮食多，其中"仓"的造字本义就是粮仓。

"仓"字是个简化字，它的正体字本作"倉"，"倉"就是储存谷物的粮仓。《说文》："仓，藏也。仓黄取而藏之，故谓之仓。从食省，口象仓形。"大致意思为：仓，就是收藏谷物的粮库。通常在谷物成熟、颜色仓黄之时将它们收藏入库，因此称粮库为"仓"。

甲骨文①的"仓"由三部分构成：上部代表仓盖，类似屋顶；下部为仓底，就是地基石。有一种说法是中间的部分是一扇门，用来取放粮食。其实，所谓"粮仓"是在仓底的基础上一边装粮食，一边加固外围，一层一层地围上去，最后加盖仓盖。整

汉·陶仓

个粮仓是没有门的，取粮食的时候则是从上往下一层一层依次取出，如果设门的话，要么装满了打不开，要么装不满。因此，上图的甲骨文和金文字形的中间部分表现的应该是分层的仓体。

"仓"字从甲骨文①到金文②和篆书③差别不大，隶变后为"倉"，近代汉字简化为"仓"。④为繁体写法。⑤为楷书写法。

"仓"一直表示粮仓，后续延伸出储藏之意，就有了货仓、仓库等词汇。除此之外，"仓"还有匆忙急迫的意思，如仓促、仓急、仓皇等。

说到"仓"字，便不得不提和汉字极有渊源的仓颉了。《淮南子·本经训》记载："昔者仓颉作书，而天雨粟，鬼夜哭。"传说，仓颉是皇帝的史官，他用毕生心血造出了我们现在使用的汉字。但我们学了这么多字的起源早已清楚，汉字绝非一个人造出，而是先民根据各自对自然和社会的认识，不断演化、丰富而来的。而传说也终究只是传说。

仓颉像

zūn

❶

❷

❸

❹

一提到"尊"这个字，我们脑中便会浮现出尊重、尊敬、尊老爱幼这一类词，其实"尊"字的起源和礼器、酒器也有关。

仔细看甲骨文①的"尊"字，这是一个很典型的象形字，由两部分构成，上面是一个酒杯，下面是两只手，意思是拿起酒杯，向别人献酒。所以"尊"字的本义就是"酒器"。

金文②与甲骨文①的形体大体一致，只是酒器上增添了几道美丽的花纹。演化到小篆③的形体，在酒器（酉）之上又增加了人。楷书④，其下部变为"寸"，由小篆直接演变而来。

在古代，每逢重要的场合都会喝酒，在宴会上需向尊重的人敬酒，因此"尊"字又引申为"尊重"义。但是，"尊"这个字并不只有尊敬的意思，还可以当作量词使用。在"尊"的本义的基础上，人们渐渐开始使用"尊"来形容酒的数量。除此之外，"尊"还经常被用来指称塑像的数量，如一尊大佛。

在古籍中常见"尊公"一词，如"当为尊公作佳传"（《晋书·陈寿传》）。这里的"尊公"不是对人的敬称，而是称对方父亲的敬辞。如旧时写信常说："尊公康宁？"也就是说，你的父亲好吗？"尊公"有时写作"令尊"。

"尊"还可以作古人常用的储酒器，盛行于商代至西周时期，我们可以理解为大酒罐子。当然，

商·四羊方尊

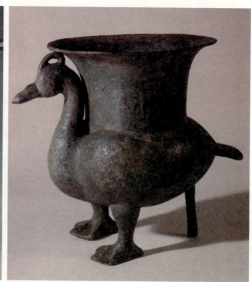

西周·鸳鸯尊

不同的是，它是青铜铸成，上面纹饰精美，造价也非常昂贵。比较有名的尊有"四羊方尊""鸮尊""象尊"等，工艺精湛，形制优美，是青铜器里的精品。

xiǎng

①

②

③

④

仔细观察"享"的甲骨文①，你会发现它主要由三部分组成：上面是个三角形，中间是个长方形，下面是个躺倒的长方形。猛地一看，像个火箭，又有点像一座塔或者小亭子，十分可爱。

有一种说法是"享"字形像一个房屋，指宗庙。上面就是屋顶，中间是房屋，下面是地基，而宗庙里都供奉着祖先，"享"就有了享福的含义。另一种说法是，上面是祖先的牌位，而下面是青铜器鼎，这两件东西组合起来，意思就是供奉祖先。这两种说法分别被称为"祖庙说"和"进献说"。但是无论哪种说法都跟祭祀活动有关，而且"享"字在青铜器上广泛出现，只形态略有不同，可以说明它和祭祀用的青铜器有很大关系。②为金文的写法。③为篆书的写法。④为楷书的写法。

古文中，"享"在很多情况下都与祭祀有关，神祇受用祭奉的贡品为"享"，由此诞生的词语有享殿、牛享、二享等。"享"还表示进献、贡献。因为供奉的食物都是最好的，就有享受、享用这类词语出现，"享"也就有了"拥有"之意，而且特指美好的事物，如享誉、享福等。

shǔ

①

②

③

④

⑤

说到老鼠，想必绝大部分人都对它深恶痛绝，还由此诞生了一个歇后语：过街老鼠——人人喊打。它们啃坏家具，偷吃厨房东西，在田野里偷粮食，但是偏偏会打洞，速度快，"嗖"的一下就不见了踪影，让人无可奈何。那么在古代人们是否有这样的烦恼呢？古人是怎样看待老鼠的呢？让我们一同在古文字中探寻吧！

从"鼠"的甲骨文①看，就是一只栩栩如生的站着的鼠，门牙、头、身子、尾巴、四肢都能清晰辨认出来，这只老鼠好像在啃食稻壳或者粮食，还可以看到旁边还有一些小点，象征着它还没吃完的稻谷一类的食物。

金文②，字形强调了"鼠"的口及牙齿（上部）、爪及长尾。小篆③也是如此，把头部和牙齿部分突出，老鼠属于啮齿动物，牙齿不停地生长，所以老鼠需要不停地啃硬东西，用于磨牙齿。于是，"鼠"字到了小篆时，就特别强调它头部的牙齿。当然，也强调了老鼠的腹部、利爪和长长的尾巴。象形的"鼠"字，从商朝到秦朝的演变发展过程中，变化不少，在小篆中已趋向符号线条化。

隶书④的"鼠"字是在小篆的基础上演变来的，鼠脚和鼠尾还有点象形，上部的"臼"是头部牙齿的变形。老鼠找东西吃时经常蹲着，两个后爪在下面，两个前爪在上面，眼睛到处张望，画出了老鼠蹲着时四个爪子的样子，右边一长长的竖弯钩，既代表整个身子，也代表了它长长的尾巴。

楷书⑤的"鼠"字吸收了隶书鼠字的特点，还是很像一只蹲坐着的老鼠。

清·老鼠嫁女　四川绵竹年画